LA
PRONONCIATION DU LATIN

DISCOURS

PRONONCÉ A LA DISTRIBUTION DES PRIX

DE L'INSTITUTION DU SACRÉ-CŒUR

Le 23 Juillet 1908

PAR

L'Abbé J.-M. MEUNIER

DE LA SOCIÉTÉ DE LINGUISTIQUE DE PARIS

ANCIEN ÉLÈVE DE L'ÉCOLE PRATIQUE DES HAUTES-ÉTUDES

LICENCIÉ ÈS LETTRES

DIRECTEUR DE L'INSTITUTION DU SACRÉ-CŒUR, A CORBIGNY (NIÈVRE)

Prix : 1 franc.

CORBIGNY

IMPRIMERIE CHARLES SILLARD

1908

LA
PRONONCIATION DU LATIN

DISCOURS

PRONONCÉ A LA DISTRIBUTION DES PRIX

DE L'INSTITUTION DU SACRÉ-CŒUR

Le 23 Juillet 1908

PAR

L'Abbé J.-M. MEUNIER

DE LA SOCIÉTÉ DE LINGUISTIQUE DE PARIS

ANCIEN ÉLÈVE DE L'ÉCOLE PRATIQUE DES HAUTES-ÉTUDES

LICENCIÉ ÈS LETTRES

DIRECTEUR DE L'INSTITUTION DU SACRÉ-CŒUR, A CORBIGNY (NIÈVRE)

———

Prix : 1 franc.

———

CORBIGNY

IMPRIMERIE CHARLES SILLARD

—

1908

A sa Grandeur

Monseigneur François-Léon GAUTHEY

évêque de nevers

Hommage respectueux et filial.

Abbé J.-M. MEUNIER.

ÉVÊCHÉ
DE
NEVERS

29 Juillet 1908.

À M. l'abbé Meunier, directeur de l'École du Sacré-Cœur
de Corbigny.

Mon cher Directeur,

Naguère vous ouvriez la séance de distribution des prix de l'École du Sacré-Cœur de Corbigny par un discours sur la *Prononciation du Latin*. C'était pour vous un thème cher, depuis longtemps familier et que vous aviez déjà exposé à l'Institution Saint-Cyr et même traité par écrit dans la *« Revue du Nivernais »*. Votre auditoire s'en est bien rendu compte au ton de conviction de votre harangue. Bien que le sujet fût peut-être sévère pour une assistance mêlée comme est celle de ces fêtes scolaires, vous avez su le rendre intéressant en le présentant par des aperçus suggestifs, agrémentés des exemples de prononciation latine que vous avez donnés avec bonne grâce.

Votre thèse a des propositions admises ou acceptées par tous : nous prononçons mal le latin et plus mal en France qu'ailleurs. Si nous pouvions retrouver et faire adopter la prononciation du siècle d'Auguste, nous rendrions à la prose latine sa vie, sa belle sonorité, son charme grave, et à la poésie son harmonieuse suavité et sa douceur musicale.

Oui ; mais comment redonner l'accent de la vie à une langue morte et comment unifier la prononciation sur des lèvres et surtout dans des gosiers façonnés selon le parler de chaque race ?

Assurément il y a des difficultés ; mais vous croyez qu'elles sont plus aisément surmontables que vos contradicteurs ne le prétendent. Je ne sais si vous réussirez — au moins prochainement — en ce qui concerne l'objet direct de votre entreprise. Mais si, déjà, vous contribuez à inspirer aux jeunes élèves — surtout à ceux qui sont destinés au sanctuaire — plus d'amour pour la langue latine et la modeste ambition, en attendant mieux, de prononcer le latin en observant l'accentuation et la quantité, vous aurez rendu un vrai service aux études classiques aussi bien qu'aux ecclésiastiques et même à l'exécution du chant d'église.

La première édition de votre opuscule (1903) avait reçu bon accueil de quelques évêques et de savants professeurs. Votre nouvelle édition, accrue des données acquises par cinq années de travail et d'expériences, ne peut manquer d'être mieux reçue encore.

N'ayant pas la compétence des maîtres dont vous vous réclamez, je puis, du moins, louer votre zèle de latiniste, votre ardeur au travail et à la propagande et vous bénir de tout cœur.

† FRANÇOIS-LÉON,

Évêque de Nevers.

<table>
<tr><td>

ÉVÈCHÉ
DE
SAINT-DIÉ
(Vosges)

</td><td align="right">

1er Mai 1903.

</td></tr>
</table>

Cher Monsieur l'Abbé,

Vous ne doutez pas de l'intérêt que j'ai pris à la lecture de votre savant mémoire. Mais il est bien difficile que nous revenions à la prononciation du temps d'Auguste. Les déviations qui se sont produites ont des causes psycho-physiologiques, ethnographiques, etc., qui rendent bien impossible ce retour en arrière... Mais en laissant de côté le mode de prononciation de certaines consonnes, ne pourrait-on pas du moins prononcer chaque consonne, c'est-à-dire faire disparaître les *nasalités : aintainde* pour *inn-tenn-de*. Ce serait un progrès, surtout au point de vue musical et artistique...

† A. G.
Évêque de Saint-Dié.

<table>
<tr><td>

ÉVÊCHÉ
DE
CHALONS

</td><td align="right">

23 Mai 1903.

</td></tr>
</table>

Monsieur l'Abbé,

Ce que vous dites si bien de la prononciation latine, je le pratique depuis plus de vingt ans...

La prononciation du latin à la façon romaine, ou *à peu près*, me paraît très acceptable ; et je m'y tiens. Je dis *à peu près*, car je ne saurais me résoudre à dire « *Miki* » au lieu de « *Mihi* », ni « *Mounntem* » au lieu de « *Montem* ». J'ai donc adopté comme type la prononciation romaine, et j'en ai écarté ce que l'on pourrait appeler les vices italiens. Je suis bien assuré que si jamais je prononçais un discours dans un Concile, il n'y a pas de « Père » qui ne me comprît très aisément. Par exemple, je serais très attentif à ne pas manquer à l'accentuation ; ce qui, je crois, ne me serait pas difficile : mais je n'aurais cure de l'accent d'acuité, dont vous dites qu'il était une loi du langage au temps de Cicéron.

Ces questions de détail ne m'empêchent nullement de désirer, comme vous, que le clergé français en vienne à prononcer le latin autrement qu'il ne fait...

Veuillez agréer, Monsieur l'abbé, avec mes félicitations et mes remerciements, l'expression de mes sentiments dévoués en N. S.

† M. A.
Évêque de Châlons.
(Actuellement Archevêque d'Avignon.)

<table>
<tr><td>

ÉVÊCHÉ
DE
BEAUVAIS
—

</td><td>

Beauvais, le 6 Avril 1904.

</td></tr>
</table>

Monsieur l'Abbé,

Vous me pardonnerez de ne pas vous avoir remercié plus tôt de la pensée que vous avez eue de m'envoyer votre travail sur la *Prononciation du latin classique*. Ne lisant pas la *Revue du Nivernais*, je ne l'aurais pas connu ; en ayant enfin pris connaissance, laissez-moi vous dire que j'aurais été fort privé. La fin (un peu déclamatoire, me paraît-il) est comme la quinte du ton de la brochure, jusque-là grave bien que fort nuancé. D'ailleurs vous avez raison : nous prononçons mal le latin et ce défaut, qui, je l'espère du moins, n'est pas incurable, nous prive de plusieurs biens désirables : la beauté de la prose et de la poésie latines dont nous ne jouissons plus, la connaissance raisonnée de notre langue, le parler « congruent ». Si nous ne revenons pas à la saine règle, ce ne sera pas votre faute. Vous semblez ne pas croire au succès. Du moins, vous devez avoir remarqué comme moi un mouvement vers la vraie prononciation. Qu'il se généralise. C'est mon vœu.

Agréez, Monsieur l'Abbé, l'assurance de mes sentiments dévoués.

✝ CÉL. DOUAIS,
Évêque de Beauvais.

———

2 Mai 1903.

Cher Monsieur l'Abbé,

Hier, à l'Institut, je me suis fait honnir en préconisant la réforme de notre prononciation latine, à propos d'un vœu sur l'uniformisation des prononciations nationales du latin, qui a été récemment émis au congrès de Rome. Mais je ne demande qu'à recommencer ; la bosse de la combativité doit être mienne.

Justement, je viens de regarder ce soir l'*Extrait* que vous avez eu l'obligeance de m'envoyer. Je vous remercie de ce que vous y dites d'aimable pour moi. Et, dans mon ardeur belliqueuse, je vous demande de m'en envoyer un exemplaire pour la bibliothèque de l'Institut. Je le présenterai (en dix ou douze lignes), en ayant bien soin de ne pas oublier vos tendances révolutionnaires. On peut faire admettre aux gens même la vérité, quand on la répète.

Recevez mes bons souvenirs.

L. HAVET,
Membre de l'Institut,
Professeur au Collège de France.

9 Mai 1903.

Cher Monsieur l'Abbé,

J'ai présenté hier votre brochure à l'Académie des Inscriptions. La note que j'ai lue (très succinte) sera imprimée dans les comptes rendus. J'y relève votre passage sur les Évêques français, les moins entendants et les moins entendus au Concile du Vatican.

J'ai donné à quelques jeunes gens des exemplaires de ceux que vous m'avez adressés. J'en ai envoyé un à M. SÉCHERESSE, professeur au lycée de Rochefort-sur-Mer, qui est un militant de la réforme. Je tâcherai de placer de mon mieux ceux qui restent; je me garderai bien d'en envoyer aux journaux, qui ne verraient là qu'un prétexte à faire de l'anticléricalisme courant... sur le dos du vrai latin. Ou du moins je ne le ferais qu'avec discernement, et en prenant de fortes précautions. Votre nom compromettrait *dominous vobiskoum* dans *l'Aurore*, comme le mien compromettrait *Kikéro* dans *l'Univers*.

Je vous envoie mes bons souvenirs.

L. HAVET.

———

ACADÉMIE DES INSCRIPTIONS ET BELLES LETTRES.

—

Comptes rendus des séances de l'année 1903.

—

Bulletin de Mai-Juin, p. 199.

—

M. HAVET présente, au nom de M. l'abbé J.-M. Meunier, de la Société de linguistique de Paris, un opuscule intitulé : *La prononciation du latin classique* (extr. de la *Revue du Nivernais*. Nevers, 1903, VIII-38 p. gr. in-8o).

« Cet opuscule, dit M. Havet, est précédé d'une dédicace émue à la mémoire de notre illustre confrère Gaston Paris, qui avait encouragé l'auteur et devait être son patron auprès du public instruit. Il se présente modestement comme une œuvre de vulgarisation, mais une œuvre faite en vue d'un but pratique. Pendant que le Congrès de Rome émettait un vœu tendant à l'uniformisation, et par conséquent à la réforme des prononciations nationales du latin, M. l'abbé Meunier écrivait pour gagner à la même cause des lecteurs français, particulièrement dans les milieux ecclésiastiques. Aussi invoque-t-il un argument d'utilité qui a pu échapper aux champions laïques de la réforme ; au dernier concile du Vatican, certains évêques français furent contraints au silence par la prononciation qui seule leur était familière ; « de tous les évêques qui s'exprimaient en latin au concile, les Français entendaient le moins et étaient le moins entendus ». Quant aux arguments de théorie, tendant à déterminer la prononciation vraie de chaque son latin, ils sont présentés sous une forme exacte, claire et convaincante, et ils permettent à tous les lecteurs de se faire une opinion saine et solide ».

Rochefort, le 8 Mai 1903.

Monsieur l'Abbé,

M. HAVET me communique votre intéressant mémoire extrait de la *Revue du Nivernais*. Je vous remercie vivement d'avoir bien voulu faire aux idées que j'ai développées dans la *Revue universitaire*, l'honneur de les mettre en valeur et de les compléter. Permettez-moi, par la même occasion, de vous faire hommage d'un article complémentaire sur la même question. Vous savez sans doute que le Congrès latin qui s'est tenu à Rome le mois dernier a adopté, après discussion, le latin comme langue internationale...

A. SÉCHERESSE,.

Professeur au lycée de Rochefort.

LE CLOS
PAR
ROCHECORBON
(I.-et-L.)

27 Juillet 1908.

J'applaudis à votre réforme de la prononciation latine. Pour ma part je la pratique depuis longues années dans mon enseignement.

LOUIS HAVET,

Membre de l'Institut,
Professeur au Collège de France.

CABINET
DU
DOYEN
—

FACULTÉ DES LETTRES DE LYON.
—

27 Juillet 1908.

Cher Monsieur,

Vous avez bien raison. Notre prononciation du latin est pitoyable, et je souhaite bien vivement qu'on la réforme.
Bien à vous.   L. CLÉDAT.

---

*

UNIVERSITÉ
DE LYON

FACULTÉ DES LETTRES.

27 Juillet 1908.

Monsieur,

L'entreprise que vous tentez n'est sans doute pas facile, mais elle est certainement utile et louable. J'ai applaudi naguère à des tentatives semblables, que vous connaissez bien, de M. MACÉ et de M. SÉCHERESSE. J'applaudis à la vôtre et je vous souhaite tout le succès que vous méritez. Vous me paraissez admirablement armé, pour réussir là où d'autres n'ont guère obtenu jusqu'à présent que des résultats plutôt décourageants, de conviction, de science et de persévérance.

Veuillez agréer, Monsieur, l'expression de mes sentiments les plus distingués.

F. FABIA,

Professeur de littérature latine,
à l'Université de Lyon.

FACULTÉ DES LETTRES DE RENNES.

Le 28 juillet 1908.

Monsieur l'Abbé,

J'ai l'honneur de vous remercier de m'avoir adressé votre savante brochure sur la *Prononciation du Latin classique*. Je la connaisais depuis plusieurs années : j'en ai rendu compte dans la longue note 1 de la page 271 du volume II des *Atti del Congresso internazionale di Scienze Storiche* (Roma 1903); ce volume présente (pp. 269 ss.) ma communication sur la *Prononciation internationale du latin au XXe siècle*.

J'ai rendu et je rends toujours volontiers « hommage à l'intérêt théorique ou » historique de vos 38 pages; mais le mieux est l'ennemi du bien... il faut savoir » se contenter du nécessaire... Si nous voulons, *dans la pratique*, obtenir le néces- » saire, gardons-nous de demander plus que le nécessaire : nous n'obtiendrions » rien ».

Je conclus donc, comme en 1903, que l'on doit se contenter de « choisir » comme prononciation internationale du latin, la *prononciation du temps de Cons- » tantin* (ou, en d'autres termes, la prononciation actuellement usitée en Italie, » pour l'*accent* et pour les *voyelles*; mais les consonnes C, G, T seront articulées » devant toutes les voyelles, en pratique, comme devant l'A) ».

Je vous prie de vouloir bien agréer, Monsieur l'Abbé, l'assurance de mes sentiments reconnaissants et dévoués.

A. MACÉ.

Professeur à l'Université de Rennes.

ESPRELS
(Haute-Saône)
—

29 Juillet 1908.

Monsieur l'Abbé,

J'ai reçu hier votre brochure sur la *Prononciation du latin classique* et je vous remercie vivement de me l'avoir envoyée. Je l'ai lue avec un grand intérêt et j'applaudis de tout cœur à vos efforts. Vous avez mille fois raison de penser et d'écrire que notre prononciation du latin est absurde ; j'ajoute qu'elle est à peine moins ridicule que celle qui est en usage en Angleterre. Vous n'ignorez pas qu'on essaie actuellement dans nos Facultés des Lettres, notamment à Paris, de réagir contre une habitude plusieurs fois séculaire et que l'on a déjà obtenu de sérieux résultats. Vous avez, vous, Monsieur l'Abbé, une ambition plus haute, et vous voudriez qu'on entreprît résolument dans l'enseignement secondaire de rompre avec des pratiques condamnées par la science et qu'on familiarisât même les débutants avec la vraie prononciation en leur en inculquant, dès le début, les principes. Théoriquement, vous êtes dans le vrai, mais j'avoue que je demeure frappé de l'importance d'une objection à laquelle vous ne me paraissez pas (pardonnez-moi ma franchise) avoir opposé une réfutation victorieuse. Cette objection vous vous l'êtes faite à vous-même (au bas de la p. 3) et vous ne l'avez nullement atténuée. « Pourquoi, au moment où nous sommes pressés par le temps, où les études sont déjà si chargées, où l'on est près d'abandonner le latin, pourquoi ajouter une nouvelle difficulté ? »

On peut répondre sans doute qu'il n'est ni plus difficile ni plus long d'apprendre aux enfants à bien prononcer le latin qu'à le prononcer mal. Mais cette réplique n'est pas convaincante, car les règles de la vraie prononciation ont beau n'être pas très compliquées, elles ne peuvent pas cependant tenir en quelques lignes, et j'ai peur que les professeurs de sixième ne perdent à les expliquer et à les faire appliquer un temps que les nouveaux programmes leur ménagent beaucoup trop. Songez à l'importance de cette classe pour l'apprenti latiniste, aux déclinaisons, aux conjugaisons qu'il lui faut apprendre, au vocabulaire latin dont il doit meubler sa mémoire, et voyez s'il est possible d'ajouter encore quelque chose à cette tâche déjà bien lourde. En tout cas, il faudrait que le professeur usât de précautions et ne fût pas tenté de subordonner l'acquisition des éléments de la grammaire et du vocabulaire à la réalisation de la réforme que vous préconisez. Voilà mes craintes, mais j'ai hâte de dire ou plutôt de vous répéter que, si la réforme est peut-être difficile à accomplir dans l'enseignement secondaire, il appartient à l'Église de revenir à la véritable prononciation du latin. Je souhaite vivement que la Curie romaine se rende à vos raisons, qui sont celles de la vérité et du bon sens, et je vous prie de croire, Monsieur l'Abbé, à la sincérité de ce vœu.

Votre bien dévoué.

Henri Goelzer,

Professeur à l'Université de Paris.

UNIVERSITÉ
DE
BORDEAUX

Le 29 Juillet 1908.

Monsieur l'Abbé,

Je viens de lire avec plaisir la brochure que vous avez bien voulu m'envoyer, et dont je vous remercie : la doctrine m'en paraît juste, et le but très louable...

Vous avez, Monsieur l'Abbé, résumé d'une façon claire et précise à la fois tout ce que nous savons d'essentiel sur la vraie prononciation du latin classique. Il serait en effet à désirer qu'un peu partout — mais en France notamment — on cessât enfin de travestir le texte de Cicéron et celui de Virgile en les affublant de nos sons modernes. Que tous ceux qui sont à un titre quelconque chargés d'enseigner le latin, répandent donc des principes si simples ; qu'ils les fassent pénétrer dans l'usage, en s'en imposant d'abord à eux-mêmes l'application ! J'y applaudirais pour ma part, car nous serions alors dans la vérité historique, non plus dans l'arbitraire. Et je ne veux pas insister sur les avantages qui pourraient en résulter au point de vue des relations internationales. Mais il me sera du moins permis de constater qu'une telle réforme ne conduirait pas seulement à une connaissance plus exacte du latin : celle de notre langue française y trouverait aussi son compte. C'est vraiment là un point qui mérite d'attirer l'attention, et que M. l'abbé Meunier a su mettre en bonne lumière...

Je vous prie d'agréer, Monsieur l'Abbé, l'assurance de mes sentiments bien distingués.

E. BOURCIEZ,
Professeur à l'Université de Bordeaux.

LA COUDRAYE
PAR TANNAY
(Nièvre)

Le 31 Juillet 1908.

Monsieur l'Abbé,

Vous avez raison de penser que je m'intéresse à la tentative que vous faites pour rendre au latin, défiguré pendant tant de siècles, sa physionomie véritable.

D'abord il y a toujours lieu de faire voir à des étudiants, quels qu'ils soient, les choses comme elles sont, c'est les habituer au respect de la vérité, et leur donner de bonnes habitudes d'esprit.

Dans la question particulière qui vous occupe, à ces avantages généraux s'en ajoutent d'autres, faciles à apercevoir. Le latin n'est plus une langue parlée dans la vie courante, il est toujours la langue de l'Église, il ne peut lui servir de langue commune, et lui apporter toutes les supériorités qu'elle en espère qu'à condition d'être un sous sa forme orale comme sous sa forme écrite.

Dans l'enseignement des langues néo-latines, y compris le français, il va de soi que la connaissance de la phonétique latine assure la méthode et facilite les résultats, cela est si évident que point n'est besoin de démonstration. J'ai pourtant signalé moi-même, dans les discussions qui ont eu lieu à ce propos au Musée pédagogique qu'il y a des objections. Depuis longtemps on transpose dans le français des masses de mots latins à prononciation francisée : *incendie, homicide, magistrat,* etc... Ils seront loin de l'étymon quand on prononcera à la latine. Néanmoins je crois à un bénéfice certain, et c'est pourquoi je vous approuve, sans me faire grandes illusions sur le succès.

Veuillez croire à mes sentiments bien distingués.

F. BRUNOT,

Professeur à l'Université de Paris.

Marseille, 2 Août 1908.

Mon cher Monsieur l'Abbé,

J'applaudis des deux mains à votre résolution de faire enfin entrer dans la pratique la prononciation correcte du Latin, et je loue votre persévérance.

Comment un vieux partisan de cette indispensable réforme ne verrait-il pas avec joie ses conseils porter leurs fruits ! Je dis vieux partisan, car s'il n'y a que quinze ans que parut mon *Petit traité de prononciation latine,* il y a bien plus longtemps que j'étais persuadé de la nécessité d'abandonner ce charabia ridicule que l'on enseigne dans nos écoles sous le nom de langue latine. En effet, la vraie prononciation du Latin nous dévoile d'un coup, et la beauté harmonieuse de la prose et des vers latins, et l'évolution du français actuel, qui n'est que du Latin prononcé à 2.000 ans de distance par des bouches gauloises.

L'accent tonique et la valeur des voyelles latines sont les réactifs les plus sensibles des sons et des mots du français ; et la meilleure manière de comprendre le français, c'est d'étudier le Latin, comme vous l'enseignez par la parole vivante. L'un éclaire l'autre.

Vous faites donc œuvre doublement utile pour le latin que vous restituez à son ancienne splendeur de langue mélodique et sonore, et pour le français dont les sons actuels sont l'expression vivante de la phonétique latine à travers les âges.

Aussi, permettez au plus obscur des vétérans, à un simple légionnaire sans le moindre grade dans l'armée romaine, de se joindre à vos élèves pour vous exprimer toute la reconnaissance qui est due à votre enseignement fécond. Il fait revivre la majesté du latin et apprend pratiquement l'histoire phonétique du français. Merci pour tous les deux, et bravo !

Votre dévoué et reconnaissant.

Dr A. BOS.

Bergerac, le 6 Août 1908.

Monsieur l'Abbé,

Votre lettre me parvient ici après de nombreuses pérégrinations ; soyez assez aimable pour m'excuser d'y répondre si tardivement.

La vigoureuse campagne que vous menez en faveur des lettres latines portera ses fruits, n'en doutez pas. Mon vénéré maître, Victor Henry, pensait que l'Église catholique était la seule puissance au monde capable de déterminer la réforme de notre prononciation scolaire si détestable. Je souhaite donc vivement que le clergé français et étranger vous suive dans la voie où vous avancez avec tant d'ardeur.

Pour l'Université, elle commence à s'émouvoir. Plusieurs de mes collègues m'ont écrit cette année qu'ils abandonnaient la prononciation à la française. Il y a quelques semaines l'Institut de Carthage a bien voulu consacrer une séance plénière à l'examen de la prononciation correcte. Quand on n'enseignera plus le latin qu'aux élèves capables de s'y intéresser, la cause que nous défendons trouvera de nombreux partisans. D'ici là, nous nous heurterons à l'hostilité ouverte ou déguisée des cancres et de leurs familles. N'importe : le mouvement se prouve en marchant. Croyez que le succès, pour lointain qu'il apparaisse, est assuré : l'absurde porte en lui un germe de mort. Courage donc, Monsieur l'Abbé :

Forsan et haec olim meminisse iuuabit.

Je vous prie d'agréer, avec mes félicitations pour votre discours éloquent et courageux, l'expression de ma bonne confraternité *in Cicerone*.

ARISTIDE SÉCHERESSE,

Agrégé de l'Université,
Professeur de première au lycée Carnot,
Tunis.

Châteauneuf-les-Bains (Puy-de-Dôme).

Monsieur,

J'approuve pleinement votre tentative pour développer et répandre la prononciation normale du latin. C'est ce que j'essaie de faire à la Sorbonne, mais les étudiants ne me suivent guère. Il nous faudrait un manuel qui contînt tout le nécessaire et qu'on pût mettre aux mains des élèves. Votre opuscule donne les éléments. Il faudrait, en laissant de côté les généralités sur l'utilité de la réforme qui ont été souvent exposées, en faire un *Traité de la Prononciation normale du latin*.

L'ouvrage rendrait de grands services et je ferais ce qui dépend de moi pour en assurer le succès.

Agréez, Monsieur, l'assurance de mes sentiments très distingués.

A. CARTAULT.

Professeur à l'Université du Paris.

Le 7 Août 1908.

SOCIÉTÉ
DES
LANGUES ROMANES

Montpellier, le 9 Août 1908.

Cher Monsieur,

Je ne partage pas du tout votre admiration pour la langue et la littérature latines. La langue, au point de vue indo-européen, n'est guère qu'un jargon, surtout la langue classique; les qualités d'harmonie, les beautés que vous lui attribuez sont fictives. La littérature classique est au plus de troisième ordre. Cicéron n'est qu'un avocat, habile à faire des phrases creuses, n'usant que de rhétorique artificielle et de moyens de croquemitaine. Virgile c'est la Henriade, moins la facilité; Horace un Boileau dépourvu de goût.

Ce n'est pas là ce qu'on nous a enseigné, et je sais bien que l'admiration conventionnelle qu'on nous a inculquée est tenace. C'est la faute des clercs, qui ne sachant que le latin, se sont imaginé qu'il n'y avait rien au-dessus. Notre enseignement secondaire est resté, quoi qu'on en puisse dire, celui des clercs.

Mais tout cela, qui n'est pas une boutade, n'est pas la question.

Il ne s'agit que de la prononciation (j'y ajouterais volontiers l'orthographe) de la langue latine classique. Il s'agit de science; il s'agit d'utilité. Là-dessus je suis pleinement d'accord avec vous et ne puis que vous louer sans réserve. Vous avez parfaitement exposé la question. Le seul point qui me laisse un désidératum, c'est que vous n'avez rien dit de la triple prononciation de *l*, si importante pour certaines langues romanes.

Pour le résultat j'ai moins de confiance que vous. Si on imposait la prononciation correcte aux séminaires, ce serait un bien grand pas; mais je partage un peu les craintes de M. Havet. Il faudrait aussi l'introduire dans les lycées et autres établissements d'enseignement secondaire; c'est bien difficile. Je suis certainement avec M. Havet, M. Meillet et peut-être quelques autres linguistes, un des rares professeurs de l'enseignement supérieur qui s'obstine à prononcer le latin correctement : mais les *professeurs de latin* ne le font pas. Il y a seize ans que j'agis ainsi ; mes élèves ont toujours trouvé que cette prononciation est très facile à apprendre et qu'elle rend immédiatement d'incalculables services; ils l'emploient toujours avec moi, mais ils y renoncent dès qu'il m'ont quitté, et pour cause.

Supposez qu'un de mes élèves reçoive dans sa classe la visite d'un inspecteur ou seulement de son proviseur. Si lui et ses élèves prononcent correctement le latin, il sera immédiatement gourmandé et recevra de mauvaises notes.

Voilà l'écueil. Je ne saurais trop vous encourager ; mais la routine est un bien grand maitre dans notre pays d'autocratisme mal dissimulé.

Votre bien dévoué.

GRAMMONT,

Professeur à l'Université de Montpellier.

LA

PRONONCIATION DU LATIN

Monseigneur,

Messieurs,

Mes Enfants,

On a dit souvent que les Distributions de prix se ressemblent toutes. N'en croyez rien. La Distribution des prix d'un petit Séminaire diffère de celle d'un Lycée ou d'un Collège, parce qu'elle emprunte un lustre spécial aux assistants qui s'y pressent. Partout où vous jetez les yeux, vous n'apercevez que des personnes choisies. D'abord, des enfants, qui ne sont pas des écoliers ordinaires, mais distingués entre mille, appelés de Dieu lui-même, et qui s'efforcent de se rendre dignes de cette sublime vocation par leur travail et leur piété. Ensuite, des parents chrétiens qui, par leur conduite et leurs exemples, ont développé la vocation naissante de leurs enfants. C'est le *genus electum*... la *gens sancta*, dont parle saint Pierre (1). Choisis aussi, les Professeurs, car ils sont tous prêtres; ce sont les élus de Dieu, les oints du Christ (2). Choisis de même, tous ces vénérables Curés, venus des quatre coins du diocèse pour rehausser de leur présence l'éclat de cette cérémonie et couronner leurs jeunes séminaristes (3). Choisis pareillement, ces Bienfaiteurs du Séminaire, ces âmes vaillantes, ces généreux chrétiens qui luttent si courageusement pour Dieu, l'Église et la Patrie (4). Enfin, il est choisi

---

(1) I Petr. Ch. II, v. 9.
(2) Vnctio eorum in sacerdotium sempiternum. Exod. Ch. XL, v. 13.
(3) Vas *electionis* est mihi iste. Act. Ch. IX, v. 15.
(4) Scientes fratres, dilecti a Deo, *electionem* uestram. I Thessal. Ch. I, v. 4.

surtout celui qui préside cette fête de famille, car l'Esprit Saint lui-même l'a établi pour gouverner l'Église de Nevers : *Spiritus Sanctus posuit Episcopos regere Ecclesiam Dei* (1).

Vous representez donc, Messieurs, l'élite d'un Diocèse, et c'est à cette assemblée que le Directeur de l'Institution du Sacré-Cœur doit porter la parole. Son premier mouvement a été de faire ce qu'avait déjà fait, en 1899, le Professeur de l'Institution Saint-Cyr. Invité alors à prononcer le discours à la Distribution des prix de ce Collège, il avait choisi comme thème : *Les Parlers du Nivernais*. Et comme le premier mouvement est souvent le meilleur, il vient encore aujourd'hui vous entretenir de ses études. Mais rassurez-vous, Messieurs, le sujet vous touchera plus que l'idiome du Morvan. Il s'agit cette fois d'une langue que vous connaissez mieux que le morvandeau, d'une langue que vous avez apprise dès vos jeunes années, que vous employez tous les jours dans les fonctions de votre saint ministère, que vous parlez quand vous vous adressez à Dieu : c'est la langue du prêtre et de la prière, la langue de l'Église romaine, c'est le latin.

Le sujet est donc digne de cette assemblée d'élite. Toutefois, l'orateur n'entend pas faire ici l'histoire du latin, en vous parlant de ses chefs-d'œuvre et de son glorieux passé, ni raconter son merveilleux développement dans les langues romanes, ou ses destinées immortelles comme langue de l'Église catholique. Il veut simplement propager ses idées révolutionnaires... en fait de prononciation du latin. Il vous parlera donc de *la Prononciation du latin.*

Dire que nous prononçons fort mal le latin en France, c'est pure vérité. Consolons-nous, Messieurs, les autres peuples ne le prononcent guère mieux. Les Anglais le prononcent à l'anglaise, c'est-à-dire en donnant à peu près aux consonnes et aux voyelles latines la valeur qu'elles ont dans leur propre langue ; les Allemands à

(1) Act. Ap. XX, 28.

l'allemande, les Espagnols à l'espagnole, et les Italiens à l'italienne.
Mais les Français surtout dénaturent la belle langue de Cicéron,
d'Horace et de Virgile. Non seulement nous n'avons aucune idée
de l'accent, mais de plus nous ne distinguons pas les voyelles
longues des voyelles brèves. Les consonnes ne sont guère mieux
traitées et nous donnons à plusieurs des sons qu'elles n'ont jamais
eus en latin. Il semble qu'il serait possible de rompre avec cette
coutume barbare; il serait facile même de lire le latin assez correctement et d'adopter à peu près la prononciation du siècle d'Auguste.
Pour cela, il faut d'abord détruire les préjugés et réfuter les objections qu'on peut opposer. Ensuite nous dirons les nombreux avantages qu'on doit retirer d'une prononciation correcte et uniforme
du latin.

Une première objection, c'est que nous ne connaissons pas la
prononciation du latin, ou du moins nous la connaissons fort mal.
Comment pouvez-vous, disent les adversaires de la réforme, retrouver
la prononciation d'une langue morte depuis tant de siècles? Les sons
d'une langue s'apprennent par l'oreille. Et même on admet qu'il est
très difficile, pour ne pas dire impossible, de parler une langue
vivante étrangère comme sa langue maternelle, alors que le sujet a
séjourné dans le pays et que son oreille s'est habituée aux sons de
cet idiome. Or, qui a jamais entendu le latin de la bouche d'un vrai
Romain? Comment le maître et l'élève peuvent-ils reproduire exacte
ment des sons, que vous, savants linguistes, ne rétablissez que par
des conjectures et des hypothèses? De plus, vous prétendez que les
langues sont dans un perpétuel mouvement, que rien n'est stable,
ni les sons, ni les formes, ni les mots, ni la syntaxe. Sera-t-il possible de saisir ces éléments si fugitifs, de fixer ce que vous dites
insaisissable et d'imposer une prononciation universelle, alors que
le langage est dans un perpétuel devenir? En un mot, qui vous
dira la prononciation du siècle d'Auguste et comment pouvez-vous
l'établir, puisqu'elle a varié pendant ce siècle même?"

D'abord, Messieurs, il ne s'agit pas de prononcer le latin aussi bien que Cicéron. Une telle prétention serait absurde. Ce qu'il faut, c'est de le prononcer d'une façon moins barbare, plus correcte et plus uniforme. De plus, il est vrai que le langage est toujours en mouvement et qu'il se modifie insensiblement. Si *augurium* n'avait jamais changé, il ne serait pas devenu « heur », ni *blasphemare* « blâmer », ni *aqua* « eau », ni *caballum* « cheval ». Mais ces modifications incessantes et inconscientes du langage n'empêchent pas qu'il y ait une unité suffisante ou une homogénéité relative dans une masse linguistique de peu d'étendue et à une époque déterminée. On peut donc fixer la prononciation d'une langue pour un temps et un lieu donnés. Et la preuve, c'est que presque tous les idiomes ont été représentés par des signes conventionnels, qui sont les lettres de l'alphabet. Maintenant, grâce à la méthode graphique, les moindres nuances du langage sont notées avec précision. Ainsi, le Directeur de l'Institution du Sacré-Cœur étudie depuis quinze ans, au moyen de cette méthode graphique, les parlers du Morvan. Il a enregistré le langage de deux habitants de Chaulgnes (Nièvre), qui parlent absolument de la même façon (il le croyait du moins à les entendre). Il a été étonné des différences accusées pour les mêmes phrases, prononcées par ces indigènes. Son oreille n'avait saisi aucune nuance dans le parler de ces deux hommes et voici qu'en étudiant les graphiques il remarque des demi-sonores à la place de sourdes, des intonations différentes, une intensité plus grande chez celui-là, une durée des sons plus considérable chez celui-ci, etc. Est-ce que, malgré ces différences (insensibles d'ailleurs à notre oreille) vous ne direz pas que ces deux hommes parlent la même langue et de la même façon? Oui, assurément, car votre oreille n'est pas frappée de ces différences, qui iront probablement s'accentuant avec les générations suivantes. Mais pratiquement pour tout le monde, ces deux hommes ont le même langage. Or, pour le cas présent, il s'agit du latin classique, c'est-à-dire d'une langue arrêtée à une époque donnée ; les changements phonétiques sont terminés et fixés depuis longtemps par l'écriture et par une écriture qui représentait assez fidèlement les sons de la langue, du moins au siècle d'Auguste. Nous pouvons donc prendre cette époque et, de même qu'on en étudie la syntaxe, nous pouvons aussi en étudier la prononciation au moyen des documents qui nous restent sur cette question. Or, ces documents sont très nombreux.

Il y a d'abord les *grammairiens latins*, qui nous donnent une foule de renseignements sur la prononciation de la langue des Romains. Ils nous disent comment on prononçait les voyelles, les diphtongues et les consonnes, ils nous renseignent d'une façon très précise sur l'accent, sa nature et sa durée (1).

Ensuite, les *Inscriptions* nous fournissent aussi de nombreux documents, soit en rapportant les mots comme ils étaient prononcés, soit en nous donnant des mots latins, écrits en caractères grecs.

De plus, la *comparaison du grec et du latin* nous prouve, par exemple, que le *g* et le *c* étaient toujours durs, qu'on disait en latin *kinis* (cinis) et *dekem* (decem), comme en grec *konis* et *deka*, de même on prononçait en latin *guigno* (gigno) et *guenous* (genus), comme en grec : *gignomai* et *genos*.

En outre, *la poésie* nous apprend qu'il y avait des voyelles longues et des voyelles brèves, qu'on disait *lucem* avec un *u* long, mais *ducem* avec un *u* bref, que dans *corona* le premier *o* était bref et le second long.

Et quand la poésie ne nous dit rien sur la quantité des voyelles, parce qu'elles sont entravées, la *comparaison des langues romanes* nous renseigne infailliblement sur leur timbre. Ainsi *lectum* « lit » et *lectum* « toit » sont deux mots métriquement échangeables, et cependant les deux *e* n'étaient pas de même nature. L'*e* de *lectum*

(1) Voir ma brochure : *La Prononciation du latin classique*, p. 18-34. — Imprimerie G. VALLIÈRE, Nevers, 1903.

était bref et celui de *tectum* était long. C'est le français qui nous l'apprend, car ces deux *e* ont abouti l'un à « lit », en passant par « lieit », et l'autre à « toit » en passant par « teit ». De même dans *episcopum* et *mille,* le premier *i* était bref par nature et le second long, parce que nous avons en français « évêque » et « mil »

Enfin, Messieurs, si le Directeur de l'Institution du Sacré-Cœur ne craignait pas d'abuser de votre bienveillante attention, et de renouveler à vos oreilles la fameuse scène du Bourgeois gentilhomme, où le maître de philosophie apprend à M. Jourdain les principes de l'orthographe, il apporterait encore beaucoup d'autres preuves, pour démontrer que la prononciation du latin est bien connue maintenant. C'est donc un devoir pour nous de réformer notre prononciation actuelle, quoique consacrée par un usage plusieurs fois séculaire dans nos écoles et nos habitudes françaises.

C'est, en effet, la seconde objection des partisans de la prononciation traditionnelle. Elle date, disent-ils, de plusieurs siècles. On prononçait peut-être ainsi au XVIe et au XVIIe siècles et on savait le latin. Maintenant que les Français sont incapables de parler ou d'écrire la langue de Cicéron, vous leur demandez de changer une prononciation consacrée par de nombreuses générations de latinistes, adoptée et reçue par tout le monde. Comment déraciner une habitude si invétérée? D'ailleurs, saura-t-on mieux le latin parce qu'on dira *dominous* avec l'accent sur la première syllabe, plutôt que *dominus,* accentué, comme nous faisons, sur la finale.

Sans doute, Messieurs, le latin est moins bien connu aujourd'hui et nous l'écrivons moins facilement qu'au XVIe et au XVIIe siècles. Mais, est-ce une raison pour ne pas essayer de prononcer cette langue plus correctement. Certainement les humanistes de la Renaissance auraient été heureux de pouvoir donner à la langue de Cicéron, que quelques-uns écrivaient si bien, toute l'ampleur et la majesté qu'elle avait dans la bouche des Romains, contemporains d'Auguste.

Mais ces savants ignoraient la véritable prononciation du latin littéraire. Aujourd'hui que nous avons retrouvé à peu près la prononciation du siècle d'Auguste, pourquoi ne pas mettre en pratique ce que nous savons? Nous connaissons mieux que les humanistes du XVIe siècle la quantité des voyelles et des syllabes, la nature des consonnes et la qualité de l'accent latin. Si nous reconnaissons la valeur des lois de la phonétique et les découvertes scientifiques de la grammaire comparée (et il faut bien les reconnaître, à moins de fermer les yeux à la lumière), pourquoi ne pas conformer notre conduite aux données de la science? Il n'y a pas de préjugés qui tiennent, il faut abandonner la routine. Voir la vérité et ne point l'embrasser, est-ce de la probité scientifique? Qui donc voudrait aujourd'hui reprendre à son compte le mot de Fontenelle : « Si j'avais la main pleine de vérités, je me garderais bien de l'ouvrir. » Ne prononçons donc plus d'une façon barbare une langue, alors que nous connaissons la vraie prononciation de son siècle d'or. Rejetons ces vêtements d'emprunt avec lesquels, nous Français, nous habillons cette belle langue latine, pour la couvrir de ses riches draperies, de ses sons graves ou sonores, harmonieux et variés, qui lui sont propres et qui la feront revivre après vingt siècles écoulés. Rendons-lui cet accent musical, qui fait sa beauté et sa variété, cet accent qu'elle a perdu presque entièrement dans la France du Nord, mais qu'elle conserve encore en partie en provençal, en italien, en espagnol et dans les autres langues romanes. Nous pouvons mieux faire que nos ancêtres, faisons mieux, et ne nous traînons plus dans l'ornière traditionnelle, alors qu'on nous montre un chemin lumineux et sûr, et qui n'est pas plus long, ni plus difficile que celui que nous avons suivi jusqu'ici.

Il sera difficile, ajoutent enfin les partisans de la prononciation moderne française, de faire adopter cette réforme par tous les latinistes et les professeurs, et plus long peut-être encore de l'enseigner. Pourquoi, au moment où les élèves sont pressés par le temps, où les études sont déjà si chargées, où l'on est près d'abandonner le latin, pourquoi ajouter de nouvelles difficultés?

Non, Messieurs, ce n'est pas plus difficile, ni plus long d'apprendre à bien prononcer le latin qu'à le prononcer mal. Les règles ne sont pas très nombreuses, ni très compliquées; les enfants les retiennent vite et les mettent facilement en pratique. D'ailleurs, la prononciation s'enseignera avec la langue elle-même. Quand l'élève aura entendu le maître bien prononcer, il l'imitera. Si dès la sixième l'enfant entend les vrais sons latins, il les reproduira instinctivement. Ce n'est pas plus difficile, ni plus long d'apprendre aux élèves qu'il faut dire partout avec un *g* dur et avec l'accent sur la première syllabe : lego, leguis, leguit, leguimous, leguitis, legount. C'est au contraire plus logique et plus facile que de leur faire conjuguer, contrairement au génie de la langue latine, tantôt avec un *g*, tantôt avec un *j*, et toujours avec l'accent sur la finale : lego, lejis, lejit, lejimus, lejitis, legunt. Est-ce que les professeurs, qui enseignent les langues vivantes, n'apprennent pas aux enfants la vraie prononciation en même temps que la langue elle-même ? Que diriez-vous d'un maître anglais ou allemand qui ferait prononcer à ses élèves ces langues à la française. L'allemand ou l'anglais parlé à la française ne serait ni de l'allemand, ni de l'anglais, ni du français, ce serait un monstre dans le monde du langage. Il en est de même du latin prononcé comme nous le faisons. C'est un monstre, qu'il est temps de terrasser et de faire disparaître de la scène des études. Croyez-en l'expérience du Directeur de l'Institution du Sacré-Cœur, qui enseigne depuis vingt ans la troisième : les élèves s'attaquent hardiment à ce monstre, quand ils sont bien dirigés; ils le terrasseraient facilement, s'ils étaient encouragés dans les coups qu'ils lui portent. Donc, pour que la réforme aboutisse, il faut que les enfants, qui ont essayé de bien prononcer pendant une année, soient stimulés et suivis pendant tout le cours de leurs études. Le succès est à ce prix-là seul.

Telles sont les principales objections que font les tenants de la prononciation traditionnelle française. Il y en a encore d'autres, mais elles ne sauraient non plus amoindrir les nombreux avantages que les latinistes et les professeurs retireront d'une prononciation correcte et uniforme du latin.

Certains savants sont fort occupés en ce moment à chercher une langue internationale. La facilité des communications, l'extension du commerce et de l'industrie, l'invention du télégraphe et du téléphone imposent à bref délai un idiome universel, dont se serviront au moins certaines catégories de personnes : commerçants, voyageurs, savants et explorateurs. L'idée a même reçu dans ces derniers temps une réalisation aussi pratique et aussi simple que possible. Un médecin russe, le docteur Zamenhof, a créé, ou plutôt tiré des racines des principales langues de l'Europe, un idiome international, qu'il appelle l'*Espéranto* (1). Naturellement, cette langue qu'il faut apprendre, si on veut la connaître, est destinée à un nombre relativement restreint d'hommes, mais elle sera, au dire de ses partisans, d'une très grande utilité. Elle est créée artificiellement et n'a jamais existé. Les racines, il est vrai, sont choisies dans les principaux idiomes européens, mais elles ne répondent à aucune réalité vivante. Les mots sont fabriqués de toutes pièces. Ils n'ont pas cette souplesse, cette variété, cette finesse d'expression, cette âme enfin, que donnent à tout langage vivant un usage quotidien et une littérature séculaire. Le latin, au contraire, a joui d'une vie florissante et glorieuse et qui se perpétue encore dans les langues romanes. Il possède une littérature et une littérature pleine de chefs-d'œuvre, qui ont formé ou inspiré la plupart des langues modernes. Chaque mot, chaque expression évoque pour le lettré un souvenir, une idée, une image, qui peuvent s'appliquer encore aujourd'hui

(1) Voir pour plus de renseignements la brochure : *A la recherche d'une langue internationale*, par Th. CART. Paris, rue Cujas, 17.

à des objets contemporains. Si le latin a été la langue universelle, le lien nécessaire entre les savants au moyen âge, au xvie, au xviie et au xviiie siècles, pourquoi, Messieurs, ne pourrait-il pas redevenir une langue internationale ? Qu'on ne dise pas que les mots manquent pour exprimer les idées ou les objets modernes. Une langue peut toujours créer des expressions nouvelles, ou par d'heureuses alliances de mots exprimer des objets nouveaux. Avouez qu'il est plus facile aux latinistes de former les quelques expressions modernes, qui manquent au latin, qu'aux partisans du Volapuk et de l'*Espéranto* de créer de toutes pièces ces langues imaginaires et barbares. La seule raison pour préférer l'*Espéranto* au latin, c'est que cette dernière langue, pour être suffisamment connue, demande une étude assidue de plusieurs années, tandis que l'*Espéranto* peut s'apprendre, paraît-il, en quelques mois. Mais pour ceux qui sont obligés de connaître le latin, qui l'ont étudié, pourquoi chercher ailleurs ? Aujourd'hui, prononcé d'après les habitudes de chaque peuple, le latin sert rarement, mais, parlé correctement et d'une façon uniforme, il deviendra un moyen de communication d'autant plus commode et plus pratique, qu'il est et a été de tout temps la langue de l'Église catholique en Occident.

L'Église d'Occident, en effet, a adopté, dès les premiers siècles, l'usage de la langue latine. S'adressant au peuple autant et même plus qu'aux savants, elle a employé souvent des expressions de la langue vulgaire, augmenté le vocabulaire, donné des acceptions nouvelles à des mots anciens et pris beaucoup de tours à la syntaxe du latin populaire. De plus, la prononciation a suivi, comme dans toute langue, une évolution naturelle pour aboutir, à Rome, à la prononciation italienne. En sorte que l'Église romaine prononce, par exemple, les homélies de saint Grégoire-le-Grand (fin du vi^e siècle) avec les sons actuels, ou peut s'en faut, de l'italien moderne. L'écriture est donc de quatorze siècles plus vieille que la prononciation. Sans doute, les Italiens ont mieux conservé que les Français la nature de l'accent latin et la quantité des voyelles. Mais ils n'ont pas non plus la prononciation du latin classique, quoiqu'ils aient peu à faire pour la prendre. L'Église romaine, qui cependant est la puissance traditionnelle par excellence, s'est laissé entraîner par le courant, et, d'une façon inconsciente, elle habille, comme nous l'avons déjà dit, avec les sons de l'italien moderne, la langue latine qu'elle écrit ou qu'elle parle.

Ce ne serait cependant pas juste de dire que l'Église ne fait rien en faveur de la prononciation du latin. Les bréviaires, les missels et les autres livres liturgiques sont imprimés avec la syllabe accentuée, marquée sur la voyelle quand le mot compte plus de deux syllabes, et certains ordres religieux lisent le latin avec l'accent tonique, malheureusement quelques-uns ont adopté la prononciation italienne.

On attend plus de l'Église romaine. Il est à désirer qu'elle prenne la tête du mouvement pour prononcer correctement une langue qu'elle a faite sienne presque dès son berceau. D'ailleurs les avantages immenses que l'Église catholique retirera de la prononciation correcte du latin doivent la pousser impérieusement à l'adopter le plus tôt possible. Son caractère d'universalité lui fait pour ainsi dire l'obligation d'avoir une prononciation uniforme et indépendante des pays qu'elle évangelise. Or, quoi de plus facile à obtenir. Il suffit que les Évêques du monde catholique imposent à leurs petits séminaires et à leurs grands séminaires la vraie prononciation du latin, et la réforme sera l'affaire de quelques générations d'élèves (1). On ne verra plus des prêtres français, par exemple, embarrassés

---

(1) Depuis quelques années un pas décisif a été fait, dont l'honneur revient à deux Évêques : Mgr Deramecourt, évêque de Soissons, et Mgr Dubois, évêque de Verdun. Bien que ces deux Prélats n'aient pas imposé une réforme radicale, ils n'en méritent pas moins de grands éloges pour leur noble et courageuse initiative. Espérons que leur exemple sera imité par les autres Évêques français. Malheureusement, Mgr Deramecourt est mort, il y a deux ans, et nous aimons à croire que

pour se faire comprendre en latin ou se confesser dans un pays étranger. Le latin, prononcé uniformément par tous les prêtres leur servira d'une vraie langue vivante. Ce ne sera plus du latin parlé à la française, à l'espagnole, à l'anglaise ou à l'italienne, c'est-à-dire du latin inintelligible pour chaque interlocuteur étranger. Ajoutez à cela que les congrégations religieuses profiteront aussi de cette réforme. Un religieux, changeant d'ordre ou de pays, reconnaîtra toujours cette langue aux sons de laquelle son oreille aura été habituée dès sa jeunesse. De plus, dans les grandes assemblées, dans les Conciles, on ne verra plus se renouveler, ce qui s'est produit au dernier Concile du Vatican. Certains Évêques français furent obligés de garder un silence forcé, parce que leur prononciation, trop différente de la prononciation de la majorité des assistants, les rendait inintelligibles ; car de tous les Évêques qui s'exprimaient en latin au Concile, les Français entendaient le moins et étaient le moins entendus. Ce sera au contraire une même langue, prononcée de la même façon ; tous les latinistes se comprendront malgré les pays les plus divers et les latitudes les plus éloignées.

Enfin, le plain-chant retrouvera, avec la prononciation correcte du latin, toute l'harmonie, la souplesse et la variété d'autrefois. La syllabe accentuée, bien mise en relief, donnera à la mélodie plus d'unité et de charme. Les offices liturgiques auront aussi plus de grâce et de majesté en même temps que la psalmodie sera exécutée avec plus d'ensemble et moins de monotonie.

Quelques savants, animés d'ailleurs de bons sentiments, craignent que l'Église romaine n'impose pour le latin la prononciation italienne. On peut affirmer d'ores et déjà que la Curie romaine ne fera pas cette réforme sans examiner attentivement la question. Or,

---

son successeur, Mᵍʳ Péchenard, est aussi un adversaire de notre prononciation vicieuse du latin.

M. Sécheresse, avec l'autorisation de son proviseur, enseigne aussi depuis quelques années au lycée de Rochefort la prononciation correcte du latin.

personne ne prétend aujourd'hui que les Italiens prononcent correctement le latin. Obliger les autres peuples de l'Occident ou de l'univers entier à prendre la prononciation italienne ce serait changer une prononciation mauvaise pour une guère meilleure, l'accent excepté. D'ailleurs la prononciation italienne à la longue variera avec la langue elle-même, et il faudrait, avant quelques siècles, recommencer la réforme et la remettre au point avec l'italien de l'époque. Une pareille révolution est impossible, parce que, outre qu'elle mécontenterait toutes les nations modernes, elle est de plus contraire à toute donnée scientifique. Aussi ne sera-t-elle pas faite dans ce sens.

A ces avantages généraux des Savants et de l'Église ajoutons les avantages que nous, Français, nous retirerons de la prononciation correcte du latin. Tout le monde sait que le latin vit dans le français moderne. Or, pendant cette longue vie du latin, les mots se sont transformés d'après les lois qui se trouvaient en germe dans la prononciation de cette langue. Les syllabes accentuées sont restées en français, tandis que les atones et les finales sont tombées ou se sont assourdies. Ainsi, en prononçant correctement nous reconnaissons facilement « arbre » dans *arborem*, « bonté » dans *bonitatem*, « chantre » dans *cantor*, « dette » dans *debita*, etc.

En lisant correctement le latin, nous aurons donc une plus grande intelligence de la langue française, c'est-à-dire d'abord de son *vocabulaire*. Nous distinguerons du premier coup les mots qui sont entrés dans la langue avec la conquête romaine et qui n'ont pas cessé de vivre depuis César jusqu'aujourd'hui, d'avec les mots qui ont été introduits à une date plus récente. De même, une foule de formes anormales dans *la conjugaison* des verbes français trouvent leur explication naturelle dans le déplacement régulier de l'accent latin. Nous pénétrerons ainsi plus avant dans *la connaissance histo-rique* du français et des autres langues romanes, et en particulier de l'italien et de l'espagnol.

Ces deux langues font partie maintenant des études classiques au même titre que l'allemand et l'anglais. Or, l'italien et l'espagnol sont faciles à apprendre pour quiconque prononce correctement le latin. Ce qui rend ces langues assez difficiles pour nous, Français, ce n'est pas tant le vocabulaire, qui est souvent commun avec le français, mais c'est surtout l'accent latin, que nous avons perdu dans la France du Nord. Si les Français lisaient le latin avec probité, l'accent italien et espagnol serait facilement saisi et reproduit par eux. Ainsi, en disant *periculum*, accentué sur *i*, on entend immédiatement l'italien *pericolo*. N'est-ce pas un grand avantage de pouvoir comprendre, en peu de temps, la langue de deux peuples, voisins de la France, de même race que nous, et qui ont une grande importance littéraire et commerciale.

Outre ces avantages pratiques, que nous procure la prononciation correcte du latin, il y en a d'autres que nous pouvons appeler esthétiques, c'est-à-dire qui nous font goûter la prose et la poésie latines.

La prose, en effet, débitée à la française, n'a ni l'ampleur, ni le charme, ni la variété qu'elle avait dans la bouche des Romains. La langue latine possédait des voyelles longues et brèves; de plus, aucune voyelle n'était nasale et les diphtongues étaient bien marquées dans la prononciation. Ajoutez à cela l'accent, qui contribuait à donner au latin sa variété et sa mélodie, car nous savons par les grammairiens que cet accent était un accent d'acuité et non d'intensité. Nous verrons dans un instant ce qu'il faut entendre par ces deux mots.

Cet accent était tantôt aigu seulement, tantôt aigu et grave successivement, suivant la nature de la voyelle qui le portait et de la voyelle qui le suivait. De plus, l'accent changeant de place et de nature donnait au latin, avec la succession des longues et des brèves, bien senties et bien marquées, une souplesse, une variété et une harmonie merveilleuses.

De tout cela il ne reste plus rien dans notre prononciation actuelle, et cependant nous avons le droit et le devoir de sentir toutes les beautés du latin. Sans doute, nous admirons dans Cicéron la propriété des termes, le choix et la gradation des expressions, la variété ou la fraîcheur des images et les figures de rhétorique ; nous goûtons la saveur de certains mots de ce prince des orateurs latins, nous pouvons nous laisser enflammer par son enthousiasme, entraîner par son éloquence ; mais que deviennent, dans notre prononciation barbare, la sonorité de sa langue et la variété des sons latins, que devient l'accent musical, qui est la vie même du mot, le nombre et la cadence des périodes, la poésie et l'harmonie de la phrase ? Tout cela nous échappe actuellement, mais tout cela revivra dans la prononciation correcte du latin. Et puisque cette langue, d'après la récente réforme de l'enseignement, est destinée à être le partage d'une élite de plus en plus restreinte d'écoliers, qu'elle soit du moins connue et apprise avec toutes ses beautés et non plus mutilée comme autrefois. Oui, le latin peut devenir le partage d'un petit nombre de privilégiés, pourvu qu'il retrouve son harmonie, sa variété, sa vie tout entière et son ancienne poésie.

La poésie, en effet, a encore plus à souffrir que la prose de notre prononciation moderne. Depuis que les vers latins sont bannis des programmes universitaires, les élèves sont incapables de comprendre et de saisir les beautés de la poésie latine. Ils lisent un poète comme un prosateur, sans tenir compte de la quantité des syllabes et des voyelles, sans marquer l'accent, sans frapper les temps forts, enfin sans observer ni rythme, ni mesure. Dans le cours de ses classes, l'élève apprend encore à scander des vers et à les retourner, mais cette étude, toute théorique, demeure stérile. N'étant pas habitué à prononcer correctement le latin, il prend des voyelles brèves pour des longues et des longues pour des brèves. Or, si nous lisions le latin avec probité, c'est-à-dire, en mettant l'accent, en distinguant les longues et les brèves et en donnant à chaque lettre le son qu'elle doit avoir, l'étude de la prosodie serait singulièrement aidée et simplifiée. Cela est d'autant plus nécessaire qu'on apprend de mémoire aujourd'hui moins de latin qu'autrefois. Il arrive donc souvent qu'un élève expose scientifiquement la structure d'un vers et qu'il est ignorant sur la quantité des voyelles et des syllabes. Mais, quand cet élève aura entendu prononcer et aura prononcé lui-même : *fragilis, amaverat*, il saura que l'*i* et l'*e* pénultièmes sont brefs, tandis qu'il sentira l'*i* long de *regina, auditum*, si ces mots sont prononcés correctement, d'après la règle bien connue : *Dans tout mot de plus de deux syllabes, l'avant-dernière accentuée est longue, non accentuée elle est brève* (1).

La prononciation correcte du latin nous donne donc déjà une idée de la mesure et du rythme de la poésie. Mais outre la quantité et l'accent, il entrait dans la poésie latine une succession de temps forts et de temps faibles, qui variaient avec la nature des vers. Ces temps forts et faibles revenaient à intervalles égaux et leur nombre constituait ce qu'on appelle la mesure.

Il ne faut pas confondre l'accent du mot avec le temps fort. Le temps fort consistait à frapper de la voix la syllabe qui le portait, mais sans élever le ton. A un temps fort succédait un temps faible, c'est-à-dire une ou plusieurs syllabes prononcées avec une intensité de voix moins grande. Or, cette succession de temps forts et de temps faibles, auxquels venait s'ajouter l'accent d'acuité, donnait à la poésie une variété, un rythme et une mélodie remarquables.

Au contraire, l'accent du latin, comme celui du grec, consistait en une élévation de la voix sur la syllabe qui le portait. Le mot accent d'ailleurs indique bien sa nature. L'accent, en latin *accentus* « ad cantus », chant qui s'ajoute à la prononciation ordinaire de la voyelle, est la traduction littérale du grec *prosôdia*. Or, nous savons, par Denis d'Halicarnasse, que de l'aigu au grave il y avait environ

(1) *L'accent latin et notre prononciation du latin*, par M. A. MACÉ.

l'intervalle d'une quinte. Les accents latin et grec n'étaient donc pas ce que nous entendons aujourd'hui par ce mot. en allemand, par exemple, où l'accent est une syllabe distinguée des autres, non par une élévation, mais par un renforcement de la voix. Quand nous prononçons *Kœnigin* « reine » nous appuyons plus sur la première syllabe que sur les autres. En latin, au contraire, dans *regina* on doit élever la voix sur la deuxième syllabe, d'une quinte environ. D'où l'on voit que l'accent moderne est affaire de force, tandis que l'accent ancien était affaire d'acuité. L'accent allemand ou accent d'intensité tient à l'amplitude des vibrations sonores, tandis que l'accent d'acuité tient à leur rapidité, c'est-à-dire au nombre de vibrations accomplies en une durée déterminée.

Cet accent d'acuité, changeant plus tard de nature, a joué un grand rôle dans la formation des langues romanes. Gaston Paris a même écrit un livre sur l'accent latin, où il a montré l'importance qu'a eue cet accent dans l'histoire de la langue française. « L'accent tonique, dit-il, est ce qui donne au mot de l'unité et de l'individualité, ce qui fait d'une réunion de syllabes un ensemble parfait et distinct. C'est l'âme du mot « anima uocis » selon l'heureuse expression du grammairien Diomède, c'est ce qui le vivifie et le caractérise (1). » L'accent est donc le pivot autour duquel se groupent et gravitent les autres sons d'un mot. C'est vers le deuxième ou le troisième siècle après Jésus-Christ que l'accent d'acuité devint un accent d'intensité, c'est-à-dire que la syllabe portant l'accent fut prononcée non sur une note plus aiguë, mais avec une intensité plus grande que les autres, en sorte que l'accent changea de nature, mais sans changer de place. Ainsi la syllabe qui avait l'accent aigu, du temps de Cicéron, porte encore maintenant l'accent d'intensité dans les langues romanes.

Sans avoir la prétention de reproduire exactement la prononcia-

(1) *Étude sur le rôle de l'accent dans la langue française*, page 8.

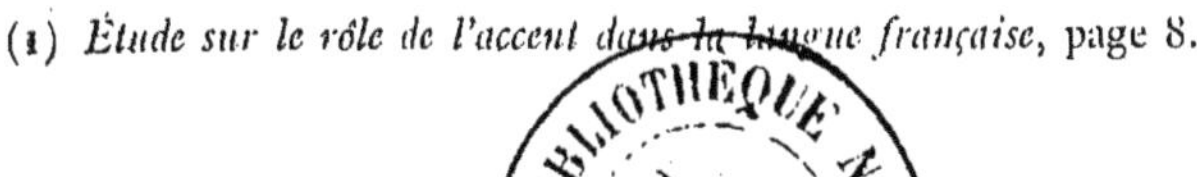

tion latine, telle qu'elle était à Rome au premier siècle de notre ère, voici à peu près comment pouvait être débité ce vers de Virgile :

Infandum, regina, iubes renouare dolorem.

Sans doute, pour mettre dans la prononciation latine l'accent d'acuité cela demande une connaissance profonde de la langue et une longue pratique, mais au moins exigeons de nos élèves qu'ils marquent l'accent d'intensité. Il est à la portée de tout le monde et c'est le moins qu'on puisse réclamer.

J'ai fini, mes chers Enfants. Ce discours sur la prononciation du latin vous a paru long et aride et vous avez eu beaucoup de mérite, du moins les plus jeunes, de l'écouter jusqu'au bout. Mais si vous mettez en pratique les conseils qu'il contient, en prononçant correctement le latin, vous n'aurez pas perdu votre temps. Vous ferez ainsi revivre dans la plénitude de leur âge d'or et avec presque toute l'intensité et la fraîcheur de leur jeunesse, ces sons variés et harmonieux dont vous entendrez encore pendant vos vacances les dernières vibrations sur les lèvres des habitants du Morvan.

A vous, Professeurs de latin, incombe cette scientifique tâche. Vous avouez que votre prononciation actuelle est défectueuse, qu'elle est barbare : ayez le courage de vous en défaire. Ne craignez pas de rompre avec les préjugés surannés. Vous connaissez la prononciation du siècle d'Auguste, vous savez qu'elle est relativement facile à adopter. Commencez par l'introduire dans votre enseignement et vous verrez aussitôt s'aplanir devant vous toute difficulté.

Considérez d'ailleurs les immenses avantages qu'elle vous procurera à vous et à vos élèves.

Vous trouverez vous-mêmes un charme nouveau à relire les ouvrages latins en donnant aux sons de cette langue la valeur qu'ils avaient à l'époque classique. Vous découvrirez des beautés jusqu'alors demeurées cachées pour vous. Vous savourerez toute la grâce, vous entendrez toute l'harmonie de cette langue qui est la nôtre.

Sans doute, la musique n'en est pas aussi belle ni aussi variée que celle du grec, puisque l'accent latin ne peut occuper que deux places, tandis qu'en grec il en peut occuper trois. Vous montrerez néanmoins à vos élèves toutes les beautés que renferme une phrase de Cicéron.

En faisant résonner à leurs oreilles attentives et charmées ces sons pleins et sonores, leur esprit saisira plus complétement les idées et les images qu'évoquent les mots eux-mêmes. Enfin, l'accent tonique avec sa musique et sa variété, les longues et les brèves bien senties et bien marquées, ne contribueront pas peu à leur faire goûter et apprécier ces effets d'harmonie que renferment toujours les périodes cicéroniennes.

Ce n'est pas tout. En lisant la poésie de Virgile ou d'Horace, vous vous appliquerez non seulement à donner à chaque syllabe et à chaque voyelle sa valeur et sa durée, mais vous observerez la mesure et marquerez les temps forts, et vous vous efforcerez en même temps de faire sentir la nature et la variété de l'accent tonique. La poésie latine retrouvera alors sur vos lèvres le charme, la grâce et la mélodie qu'elle avait perdus depuis bien des siècles.

Ainsi, vous intéresserez davantage vos élèves à ces études latines, si menacées aujourd'hui et pourtant si nécessaires pour la connaissance complète du français. Ils ne liront plus la poésie comme la prose, ils sentiront la nécessité de l'étude de la prosodie, qu'ils apprendront d'ailleurs instinctivement dès leurs basses classes de la bouche de leurs professeurs prononçant correctement le latin.

En enseignant ainsi le latin à vos élèves, quoique le français descende du latin vulgaire et non du latin classique, vous leur ouvrirez cependant sur la langue française de vastes horizons, qu'on ne peut soupçonner, lorsqu'on prononce mal la langue de César. Non seulement vos élèves sauront que le français n'est que la langue latine, qui a évolué lentement pour aboutir enfin après bien des transformations successives et inconscientes, à notre langue du vingtième siècle, mais de plus, en observant la quantité des voyelles et l'accent tonique, ils entreverront les lois qui ont présidé à la formation lente et régulière du français actuel. Ils comprendront facilement la chute et la disparition des atones, les modifications presque insensibles de certains sons, enfin le mécanisme complet des conjugaisons françaises. Bien plus, ce qu'ils avaient pris autrefois pour des irrégularités inexplicables apparaîtra à leur intelligence étonnée mais satisfaite, comme des lois rigoureuses et inviolables.

Et vous, Savants, qui cherchez un moyen de communication facile, une langue internationale et universelle pour échanger vos idées d'un bout du monde à l'autre, rappelez-vous que le latin peut vous rendre facilement ce service, s'il est prononcé correctement partout. Outre que cette langue vous est déjà familière, elle possède de grands chefs-d'œuvre que vous avez étudiés, qui ont nourri votre jeunesse, charmé votre âge mûr, et qui réjouiront encore votre vieillesse. Vous éprouverez un plaisir nouveau à relire les poètes et les prosateurs en prononçant le latin avec les sons tels qu'ils existaient à l'époque classique. De plus, vous pouvez toujours employer le génie de cette langue si souple et si riche à former des composés, capables d'exprimer des idées les plus modernes, ou même, par d'heureuses alliances de mots anciens leur donner des sens nouveaux.

Enfin, chère Église romaine, il s'agit de votre langue, et vous devez la parler le moins mal possible. Vous l'avez adoptée presque dès votre berceau. Il est vrai que ses chefs-d'œuvre littéraires avaient déja tous paru et qu'elle commençait alors à se transformer rapidement. Aussi, nous comprenons que vous ayez parlé au troisième, au quatrième et cinquième siècles comme les nations latines d'alors. A cette époque d'ailleurs, de grands docteurs latins vous ont illustrée par leurs écrits, et plusieurs appartiennent à notre France. Vous avez même dans vos chants liturgiques, substitué à la poésie prosodique la poésie rythmique, la seule vivante alors et la seule comprise des foules de ce temps. Mais maintenant que l'écart entre les peuples latins et votre langue est immense, maintenant que la majorité des fidèles ne peut plus entendre vos offices, prendre une part active à vos cérémonies sacrées, revenez à la prononciation des premiers siècles de votre existence. Ne craignez pas d'encourir le reproche qu'un de vos docteurs, et non des moindres, entendit une nuit pendant son sommeil, alors qu'il se croyait aux pieds du tribunal de Dieu: « Tu mens, dit le Juge suprême à Saint-Jérôme, tu es un cicéronien et non pas un chrétien. » Car vous vous servirez de la langue et de la prononciation du latin classique pour offrir à Dieu des louanges plus harmonieuses et plus universelles. Vos offices seront plus beaux, vos chants plus agréables et plus variés. Déjà, au moyen âge, certains moines se plaignaient de la mauvaise prononciation de cette époque. Que diraient-ils maintenant? Ils vous reprocheraient certainement et avec beaucoup plus de raison « d'accentuer affreusement la dernière syllabe; *turpiter caudare ultimam syllabam* ». Adoptez donc la prononciation du siècle d'Auguste, vous avez tout à y gagner. Il y va même de votre honneur.

N'est-ce pas vous qui avez sauvé les lettres pendant le moyen âge et peut-être êtes-vous destinée encore à remplir cette noble mission en donnant au latin délaissé un dernier asile dans vos cloîtres et vos séminaires?

Oui, vos moines et vos clercs, en copiant les manuscrits anciens, ont transmis jusqu'à nous le flambeau des lettres grecques et latines, qui certainement sans eux se serait éteint au milieu des ténèbres et des ruines amoncelées par les invasions des barbares. C'est donc aux ancêtres de ces pieux et savants religieux, aujourd'hui persécutés, que l'univers entier doit la possession inappréciable des chefs-d'œuvre de Rome et d'Athènes. Or, ces œuvres inestimables, que vous avez conservées au monde savant, vous les étudiez aussi, vous les comprenez et les commentez; rendez-leur donc leur beauté première et leur harmonie primitive en les lisant corrrectement. Vous avez pour vous les promesses éternelles, profitez-en pour accomplir une tâche que vous pouvez remplir mieux qu'aucune autre puissance terrestre. Pendant que les nations s'agitent autour de vous, que leurs idiomes évoluent et se transforment, reprenez votre langue latine aux premiers siècles de votre ère et maintenez-la immobile et inaltérable au milieu des changements et des catastrophes qui vous entourent. Vous la ferez prospérer partout où vous êtes, vous la porterez partout où vous irez, c'est-à-dire dans les cinq parties du monde. Ce sera alors dans toute l'Église catholique une seule et même langue, une seule et même prononciation. Ainsi se réalisera cette parole de la Genèse, XI, 6 : « Voyez, ils ne forment qu'un seul peuple et ils ont tous le même langage: *Ecce unus est populus et unum est labium omnibus.* »

Abbé J.-M. MEUNIER,

De la Société de linguistique de Paris
Ancien élève de l'École pratique des Hautes-Études
Licencié ès Lettres
Directeur de l'Institution du Sacré-Cœur, à Corbigny (Nièvre).

DU MÊME AUTEUR :

Le Patois du Nivernais étudié au phonomètre, paru dans le *Bulletin* de la Société nivernaise des lettres, sciences et arts, 8 pages, 1896.

Étymologies de Beuvray et de Château-Chinon. Bulletin de la Société nivernaise, 16 pages, 1897.

L'Évolution des Parlers du Nivernais, étudiée d'après la méthode graphique, 8 pages dans le Compte rendu du quatrième Congrès scientifique international des catholiques tenu à Fribourg (Suisse), du 16 au 20 août 1897.

Origine et Histoire des Parlers du Nivernais. Six articles parus en 1897 et 1898 dans la *Revue du Nivernais.*

Les Parlers du Nivernais, discours prononcé à l'Institution Saint-Cyr le 26 Juillet 1899. Nevers, Cloix, in-8o de 18 pages. Prix : 0 fr. 50. En vente chez l'auteur.

Emploi de la méthode graphique pour l'éducation des sourds-muets, 22 pages (avec 11 figures', février 1900, paru dans la *Parole*, revue internationale de rhinologie, otologie, laryngologie et phonétique expérimentale, 6, quai des Orfèvres, Paris.

La Prononciation du latin classique. Extrait de la *Revue du Nivernais*, 1902. Prix : 1 fr. 50.

Les Passages du Pape Pie VII dans la Nièvre (1804-1812). — Ouvrage orné de trois similigravures hors-texte et d'une carte du département de la Nièvre, et honoré d'une Réponse de sa Sainteté PIE X et d'une Lettre du Cardinal MERRY DEL VAL, 1904. Prix 3 francs.

Les dérivés nivernais de « mancre » et étymologie du nom de lieu « Maumigny », 1905. Prix. 1 franc.

Histoire du nom de lieu « Chaulgnes », canton de La Charité-sur-Loire (Nièvre), 1907. Prix : 1 franc.

L'Emplacement de Noviodunum Aeduorum de César et le nom de Nevers, 1907. Prix. 1 franc.

Origine du nom de lieu « Saint-Benin-d'Azy » (Nièvre), 1908. Prix : 1 franc.

Deux nouveaux oppida terminés en — durum *dans la* Celtica, 1908. Prix : 1 franc.

De l'utilité de la linguistique et de son application à la géographie, 1908. Prix : 0 fr. 50.

Les noms de lieux dans le Nivernais terminés en y et descendant de gentilices gallo-romains en ius *auxquels on ajouta le suffixe gaulois* acos. (En préparation.)

En vente chez G. VALLIÈRE, imprimerie de *la Nièvre*, 24, avenue de la Gare, Nevers, et chez FRANÇOIS, libraire, 5, avenue de la Gare, Nevers.